ALFRED BOIRON LÉCHELLE

NOTES...

SOUVENIRS

IMPRIMERIE & LIBRAIRIE PICAT

PLACE L'ANCIEN ... AUFFEC

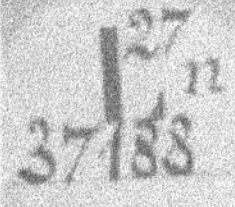

Alfred Boiron Léchelle

NOTES
ET
SOUVENIRS

Imprimerie & Librairie Picat

Place d'Armes à Rueil

Ceci est mon testament :

Je soussigné, Alfred Boiron Léchelle, propriétaire, demeurant à Ruffec, donne et lègue ;

......A l'hôpital de la ville de Ruffec, mille francs;

A la Fabrique de la paroisse de Ruffec, cinq cents francs, destinés à acheter, par les soins du conseil de Fabrique, un tableau de son choix, pour orner l'église de Ruffec;

Je lègue à la ville de Ruffec une somme de cinq cents francs, qui devront être employés à aménager le bassin et le square de la place d'Armes; plus la somme de douze cents francs, qui devra être employée en achat d'une rente sur l'État français, dont les intérêts devront être versés par les soins du Conseil municipal de la ville, chaque année, le 11 juin, à titre de récompense, à la servante qui justifiera être restée huit années consécutives au service du même maître, dans ladite ville de Ruffec.

S'il se trouve plusieurs servantes ayant droit pour la même année, à cette récompense, la plus âgée en profitera.

Si au contraire, il s'écoule une ou plusieurs années sans qu'il se trouve ou se présente de servantes réunissant les conditions ci-dessus établies pour avoir droit à ladite récompense, les intérêts seront chaque année, après le 11 juin, placés eux-mêmes en rente sur l'État français, et les intérêts qu'ils produiront viendront augmenter le chiffre de la récompense la plus prochaine à distribuer, qui devra, dans tous les cas, comprendre la totalité des intérêts du capital primitif et des intérêts capitalisés, comme je viens de le dire.

La servante qui aura profité de cette récompense ne pourra avoir droit à une nouvelle, qu'autant qu'elle justifiera avoir passé une nouvelle période de huit années, soit chez le même maître, soit chez un autre, toujours dans la ville de Ruffec.

J'explique que pour toucher la récompense prévue dans mon testament, la servante devra encore être en service dans la même maison où elle aura passé huit années, au 10 juin de l'année où la récompense se distribuera.

Ces legs sont à prendre sur les plus clairs deniers de ma succession, mais le montant n'en sera versé à chacun de mes légataires, sans intérêts, que trois mois après le décès de ma femme, que j'institue ma légataire universelle.

Je charge ma femme de payer, trois mois après mon décès et libres de tous droits et frais quelconque, les legs ci-après :

A la société de secours mutuels de Ruffec, cent francs ;

A la société musicale de Ruffec, cent cinquante francs ;

Au bureau de bienfaisance de la commune de Ruffec, la somme de cent francs.

Telles sont mes dernières volontés, que j'ai écrites, datées et signées en entier de ma main.

Fait à Ruffec, le quinze octobre mil huit cent quatre-vingt-quatre.

Signé : A. D^{se} LECHELLE.

A *Monsieur le directeur de l'*OBSERVATEUR DE RUFFEC.

Rome, 25 mars 1877.

Mon cher directeur,

Je vous ai promis, dans le cas où j'irai en Italie, de vous faire la relation de mon voyage. Je viens, aujourd'hui, m'acquitter de cette dette !.... Puissent les vérités de ce récit éclairer les populations sur la nécessité d'une instruction sérieuse !...

Le moment est opportun, je suis sur les bords du Tibre!... et, comme mes voisins, j'y plonge ma plume pour *traduire* ma pensée. J'espère que la présente sera suffisante pour vous convaincre que vos encres de Guyot et de la grande vertu ne sont que de vraies balançoires comparativement à ce liquide... puis... là, sur ces bords, on est si bien inspiré!!!

Avant de partir de Nice, je dus m'entourer de certains renseignements. Je m'adressai à un jeune chanoine, secrétaire de l'évêché, qui se mit à ma disposition.

Quelques jours après, je retournai chercher la recommandation promise; on me donna un petit paquet et un petit pli ouvert, écrit en italien. Mon gracieux chanoine me le traduisit. Je lui fis doucement observer qu'il fallait un *oi* sur ma carte de visite pour compléter mon nom... Bah! me fit-il en riant, cet oiseau n'est plus utile au Capitole!!!

Le lendemain j'étais à Gênes, trop tard pour revoir le violon de Paganini!... Le surlendemain à Pise; j'y visitai la Tour penchée, en compagnie du jeune prince Napoléon, qui retournait à Chislehurst, et qui n'est pas du tout celui que Chaignaud nous reproduisit dans son transparent... Il est, au contraire, gentil et très gai; bien qu'il fût entouré de vieux Appels au peuple en lunettes, il n'en articulait pas moins, en très-bon français, ce chant populaire : « *Ah ! si papa savait ça !...* » Eh bien! je dis : mon vieux, si tu savais, toi, que je suis Charentais, d'hasard que ma menotte serait vigoureusement secouée.

Le troisième jour me conduisit à la Ville éternelle. En arrivant à la gare, je fus assailli par un baragouinage insensé. Les uns, d'après ma tête, me prenant pour un grand d'Espagne, m'appelaient *signor*; d'autres, supposant, par mes bottines raccommodées, que je devais être une sommité italienne, me qualifiaient d'*excellence*; d'autres enfin, reconnaissant à mon torse le type français, me traitaient de *moussiou*. Je ne pus m'arracher des pattes de ces braillards qu'en piquant une tête dans un omnibus, qui me conduisit à l'hôtel de Milan, où je dormis du sommeil du sage, bien qu'éloigné de plusieurs milles de chez moi !...

Je fus réveillé par le roucoulement de pigeons, ce qui me fit croire, un certain instant, que j'étais à Ruffec ; j'avais oublié que ces animaux étaient susceptibles de la langue universelle *(heureux volatiles !...)* Je m'habillai promptement, et fus au Corso, rue habitée par les étrangers, la plus jolie et la plus vivante de Rome ; la fortune me favorisa du n° 117, dont justement la propriétaire était Française ; Mme Laudel nous fit fort bon accueil et nous loua deux appartements dans les meilleures conditions... puis... elle était si heureuse de parler de sa patrie !!!...

...Je vais à côté, boire un vermouth de Turin...

PREMIÈRE JOURNÉE. — VISITE À LA PLACE DU PEUPLE.

Prenez-moi votre place d'Armes, enlevez-lui sa bascule et son puits, et vous obtiendrez une mince idée de la Piazza del Popolo. Il y a de plus cependant, dans celle-là, au milieu, un obélisque, de 527 avant J.-C., qu'Auguste a fait venir d'Hermiopolis ; plus, aux coins, quatre lionnes monstrueuses. Voici la légende qui leur est attribuée : « Plusieurs « escadrons de Carthaginois, poursuivis par les Romains, ne « durent leur salut qu'en se réfugiant dans leurs narines... » *(Bœdeker quiblé, page 121.)*

Nous voilà à la colonne Trajanne, près de la tour où ce *mauvais caractère* de Néron contemplait l'incendie de Rome.... Un peu plus loin le Forum, le Colysée; il y a là dedans un assortiment de chapiteaux d'ordres byzantins, corynthiens et autres, et des colonnes dont les détails ne sauraient ranger dans les vôtres (*). Quant aux travaux avant J.-C., c'est touché !!! Nous en avons chez nous... d'après, qui sont loin de les valoir.... Exemple : notre hôtel-de-ville (architecte Abadie).

Le vent s'élève, je fais comme mes compagnons, je me retire ; inutile de mettre le bouchon sur l'encrier.

Mêmes bords, le . avril 1877.

DEUXIÈME JOURNÉE.

J'arrive à l'élément Tournier... le salon des vieilles pièces, collection *unique*; juste Ciel!... m'écriai-je... Si mon vieil ami était là... il y prendrait un bain, dût-il... s'y noircir les moustaches!... Combien il se trouverait heureux en compagnie de tant de têtes couronnées! Laissons pour un instant ces figures démodées, et partons voir un musée plus gracieux et plus gai.

(*) Pour les détails en grand, consultez Boedeker, pages 245, 46, 47, 48.

Salle n° 32. — (Entrée *non interdite* aux dames. La salle est chauffée). — La première réflexion que vous faites, en entrant, c'est de penser a l'argent qui a dû être employé, seulement pour les huiles qui ont aidé à faire ces chefs-d'œuvre ; toutes les peintures sont des originaux de premiers maîtres ; on y voit : Pâris donnant une *pomme-monsieur* à trois dames qui, de leur côté, sont exclusivement vêtues d'une écharpe bleu de ciel (Van-Dyck) ; Jupiter, en cygne, va prendre un bain avec une jeune personne (Le Corrège). Les trois Grâces !!!… pour celles-là, je ne vous dis que ça… le père Ugin s'en est chargé, bien qu'elles ne le soient nullement dans leur costume ! Puis Vénus sortant du bain, par le Titien ; en voilà un camarade qui s'entendait à faire les chairs fermes !… Enfin une infinité d'autres sujets de mythologie nuditaire.

Section différente, toujours en grandeur naturelle.

La Création, par Michel-Ange (beaucoup de monde autour de ce tableau ; Adam et Ève sont en costume primitif. Ève indique du doigt une pomme saisissante de vérité, tellement naturelle, tellement jolie, qu'instinctivement, on tend la main pour la cueillir. Un serpent très-vivace et très prudent est enlacé sur la branche du pommier ; ses sonnettes sont déposées au pied de l'arbuste… Voilà le dialogue supposé entre notre premier père et son épouse…

— Eh bien! ma pauvre femme, comment trouves-tu que je
te trouve? — Pas mal, si j'avais un fruit à me fourrer
quelque part!... paroles bien simples pourtant!... pas
immortelles cependant!!!...

Je me fis conduire au tableau dont nous avons tous
tant entendu parler, dû au pinceau de Carlo Buvelli, peintre
original du xviie siècle : Le sacrifice d'Abraham!...
Abraham ajuste son fils avec un fusil à pierre; au moment
où la détente va partir, un ange descend, laisse tomber de
l'eau dans le bassinet... la poudre est noyée!... Isaac est
sauvé. Ce tableau est couvert d'un voile... J'entends d'ici
Félix vous dire que je ne suis pas sérieux!... Renvoyez-le
à la page 251 du guide cité.

Je vais à côté reboire un Turin.

QUATRIÈME JOURNÉE.

Cette journée est laborieuse!... mon chanoine correspondant m'accompagne; nous nous rendons au Hangar
universel (non décrit dans mon guide). Appréciez son
immensité... C'est là que se placent toutes les cloches
de la chrétienté qui arrivent à Rome chaque année, le
jour du jeudi saint. Jugez du carillon, quand elles prennent
leur essor pour retourner à leurs clochers respectifs!...
Nous montâmes dans une voiture, et après trois heures et

demie de grand trot, nous arrivâmes au département de la
Charente... Une demie-heure après, je vis Ruffec... A ce
propos il vous plaira de provoquer une réunion immédiate
du conseil, à l'effet de m'autoriser à faire réparer notre
suspension ; sans cela, celle qui nous a tous baptisés
courrait les plus grands dangers... Rien à craindre pour les
communes de Bernac, Barro, Condac, Bioussac et
Fouqueure ; leurs crochets sont assez solides, et puis leurs
cloches sont si petites!... Je quittai ce lieu sonore en
fredonnant sur l'air du bouquet :

> Si mon clocher n'est pas là,
> Sa cloche du moins y sera.

J'entends encore Félix dire... mais passons... nous
n'avons pas de temps à perdre. Nous prîmes, pour le retour,
un chemin qui conduit au champ que labourait Cincinnatus,
quand on vint lui offrir l'Empire romain... — Laissez-moi,
leur dit-il, recurer ma charrue et rentrer mon bétail!...
Sa charrue est bien encore au musée, mais les bœufs...
n'y sont plus!...

Nous allâmes du même train faire visite à la Roche
Tarpéienne, là où on précipitait les condamnés. D'après
mon cicerone, on leur mettait une pipe à la bouche, et après
qu'ils en avaient allumé le foyer, on les poussait dans le
vide!... Il nous fallut trois quarts d'heure pour descendre

au fond de cet abîme !!! Ah ! mon cher directeur, je ne pourrai pas vous dire que vos cheveux se fussent dressés sur votre tête, puisqu'ils le sont naturellement ; mais ils se fussent… affaissés en présence de ces débris de pipes non culottées !… Je remontai péniblement, en me disant que la locution : *Il a cassé sa pipe !* pourrait bien avoir pris naissance là…

J'arrivai chez moi à six heures du soir : j'y trouvai un pli émanant du Vatican qui m'annonçait qu'il m'était accordé une audience du Saint-Père… Eh bien ! mon cher, permettez !… bien que je ne fasse pas *Gamvet*, cette lettre me fit de *l'effet*…

A bientôt ma visite à sa Sainteté et mon voyage à Naples.

Un souvenir à mes connaissances, et à vous une bonne poignée de main.

Bᵒⁿ LÉCHELLE.

DEUXIÈME LETTRE D'ITALIE

.... Éviter les gens sérieux,
Les viandes salées et les farineux.
(Hygiène)

J'arrivai au Vatican à onze heures du matin. Je renonce à vous décrire toutes les splendeurs artistiques de ce palais, unique au monde, que je traverse pour arriver à la salle d'attente. Elle était pleine de visiteurs, ce qui ne m'étonna pas, car depuis huit mois, Sa Sainteté n'avait pas accordé d'audiences. On nous annonça bientôt que le pape allait passer au milieu de nous.

En effet, à midi, le cortège de Sa Sainteté commençait à défiler : en tête, deux hallebardiers, que précédait un officier de la couronne, portant sur un magnifique coussin une tiare dont la richesse excita mon admiration, et que j'aurai bien échangée contre mon bonnet grec ; puis le Saint-Père, sur sa *sella* portée par six valets de chambre revêtus d'ornements d'un ton sévère où dominait le rouge et le noir. Suivaient à distance les cardinaux, parmi lesquels M. de Falloux, nouvellement promu, qui se faisait remarquer par une perruque d'un noir d'ébène formant un singulier contraste avec la pâleur de son teint. Derrière, et fermant la marche, un groupe de *monseigneurs* et d'officiers du palais.

Sa Sainteté portait un costume blanc. Je n'ai vu de ma vie plus belle figure de vieillard, et je conserverai longtemps l'expression de son regard ; je ne m'étonnai plus de l'affection qu'on lui porte à Rome, et qui est très vive, quoi qu'on ait dit. Le pape s'exprime en un français dépourvu de tout accent et paraît affectionner tout particulièrement notre langue.

Chacun s'était muni de ce qu'il désirait faire bénir ; à côté de moi se trouvait une vieille dame qui portait autour du cou au moins dix livres de chapelets, et dans les mains d'autres objets ; lorsque le pape passa devant elle, se précipitant sur sa main, elle la baisa avec les élans d'une foi excessivement ardente. J'étais debout, pour tenir moins de place, et j'eus l'honneur d'être interpellé par Pie IX, qui était ravi de voir autant de visiteurs : « Eh bien ! monsieur, voilà, j'espère, une jolie noce ! » Je m'inclinai. Et il continua sa marche, trouvant toujours quelque chose d'aimable à dire à ceux devant lesquels il passait.

Arrivé au fond de la salle, il se mit debout sur son trône, et d'une voix dont la sonorité me rappelait l'organe Balland, il prononça une courte allocution qui se terminait ainsi : « Je vous donne ma bénédiction pour le présent et pour le moment de votre mort. » Cette dernière phrase ne laissa pas que d'impressionner les assistants !… Dame, qu'est-ce que voulez-vous ?… la perspective de la mort n'est jamais bien gaie.

Je rentrai chez moi pour tâcher de changer le cours de mes idées ; je vis avec plaisir qu'on me préparait un macaroni… Il est bon de vous dire que nous avons une Allemande pour bonne, belle jeune fille à la peau blanche et soyeuse, faisant marcher de pair la choucroute et le macaroni ; elle n'avait qu'un défaut à mes yeux, sa nationalité et son peu de soin à se peigner.

Le soir, je me proposais de chasser la question mortelle du tantôt par l'absorption de mon plat favori, lorsqu'à la deuxième cuillerée je dévidai un cheveu d'un blond doré magnifique ; ma femme appela la bonne et lui dit : « Celui-là n'est pas de mon mari ! » Elle devint très rouge et chercha à se défendre en alléguant que les cheveux qui bouillaient longtemps dans le macaroni en prenaient la couleur !… En voilà une de bonne !… Malgré cette turpitude, allez donc enlever de l'esprit de ma femme que je ne suis pas allé faire un tour à la cuisine ?…

Le lendemain de cet incident, j'étais à Naples… Voir Naples et mourir ! disait un Anglais. Cette ville, en effet, est fort jolie. La mer bat ses flancs, et les habitants en font de même… On vit sur la voie publique, on ne rentre que pour se coucher. Dieu sait dans quel réduit !... Les enfants se promènent avec et sans chemise et vont chercher pour deux centimes de macaroni qu'ils font verser dans leurs souliers. Les femmes travaillent sur la chevelure de leurs enfants... Les maris s'isolent et vont jouir de la chaleur du soleil...

Je fis d'abord les excursions de rigueur : la grotte du Chien ; Lasol Fatar, correspondant du Vésuve ; la vallée où Énée descendit aux enfers ; les bains Néron ; la grotte où la sybille rendait ses oracles ; le tombeau de Virgile, qui me facilitera pour l'expliquer aujourd'hui ; le temple de Vénus... Tout ceci me parut être un peu de convention. Je cinglai sur l'île de Capri... trois heures de traversée par une mer très-agitée qui me rappelait mon voyage en Angleterre ; beaucoup de passagers faisaient comme moi, rendaient autre chose qua des oracles !...

Je visitai également le musée de Naples, d'autant plus curieux qu'il renferme ce qu'on a extrait des fouilles d'Herculanum et de Pompei. Je m'arrêtai principalement aux camées et a la salle des bronzes, j'admirai entr'autres une danseuse et un Mercure recommandés ; je demandai au gardien de cette galerie si, quand on a fabriqué ces chefs-d'œuvre, les vignes étaient inventées ; il me répondit : « Oui, Monsieur, mais cette année la, le phylloxéra de l'époque avait dévoré toutes les feuilles... » Soit !

J'allai au Vésuve, seulement jusqu'à l'Observatoire ; il est vrai que c'est beau, mais réellement très-triste ! Je me promenai dans le village, coupé en deux par une lave ; les habitants sont d'une gaîté folle, en pensant qu'ils sont pour longtemps à l'abri d'une éruption. En descendant, je m'arrêtai à Portici ; je me fis conduire à la demeure qu'habitait *la Muette* ; une vieille bavarde m'ouvrit la porte et me fit voir la chambre où elle mourut....

Je visitai scrupuleusement la ville de Pompéi, parfaitement conservée... Comment, pensai-je, nos pharmaciens ne pêchent assurément pas par l'intelligence ?... Pourquoi, au lieu d'employer de l'esprit de vin dont l'achat et les droits sont exorbitants, n'useraient-ils pas de cendres vésuviennes ? Voilà bientôt 1,800 ans que Pompéi y est abrité, et il est d'un conservé remarquable. Si on va s'y promener, je recommande une maison dont le guide a la clef, où se trouvent des peintures assez fraîches qui prouveraient qu'on avait autrefois les penchants d'aujourd'hui !...

Je montai voir les fouilles ; les archéologues guettaient les coups de pioche des travailleurs ; on tira devant moi un pot dont les antiquaires paraissaient embarrassés d'établir l'origine. Je m'avançai et leur dis : « Permettez.... je connais l'endroit où a été fabriqué ce *gage*. » Aussitôt on m'entoura. « Il vient, ajoutai-je, de la fabrique de Moutardon... » On me pressa la main et on m'invita à dîner à l'hôtel de France. Je déclinai cette aimable invitation. On prit alors une étiquette que l'on attacha à l'anse, et on y écrivit : Provenant de la fabrique de Montardon (Charente). Voilà comment on illustre son pays !... Les touristes ne manqueront pas d'aller visiter cette fabrique, par suite ils laisseront de l'argent dans la commune, qui s'empressera alors de faire réargenter son crucifix...

Me voilà à Florence, la ville des fleurs. Si j'avais à habiter l'Italie, ce serait la ville que je choisirais. Je visitai, au musée Pitti, les ouvrages en argent de Benvenuto Cellini, orfèvrerie remarquable par sa perfection. Tous les tableaux du musée me flattèrent. Je donnai cependant la préférence à deux d'entr'eux, l'un du Titien, l'autre du Dominicain : Le premier représente Samson paraissant faire un cours d'histoire naturelle, et s'efforçant de faire comprendre aux Philistins que les incisives et les canines ont des attributions séparées ; Samson, vous le savez, était doux comme un agneau, mais très-vif cependant ; en s'apercevant qu'il n'est pas compris, il s'empare d'une mâchoire d'âne qui était à l'étude et brise celles de plusieurs Philistins ; les autres, effrayés de la manière dont leur professeur traite cette question, prennent sournoisement la fuite en passant par la porte du jardin...

L'autre représente l'*Ile de Calypso*. Ce tableau, comme coloris, vous transporte dans les régions éthérées. La description en est difficile, car ici comme dans toutes les villes de l'Italie, l'art s'étale avec toutes les licences

possibles… Calypso se promène rêveuse dans son île…
Cupidon sort d'un bosquet de lilas et lui décoche une flèche.
La reine, se sentant blessée, lève la tête et aperçoit Ulysse
qui, ne craignant sans doute qu'une insolation, n'avait pris
que son casque… Mais… J'espère bientôt vous compléter
ces détails de vive voix, car je partirai cette semaine. On
me propose d'aller par mer jusqu'à Marseille ; le voyage est
joli, paraît-il, mais la voie terrestre fait bien mieux mon
affaire.

A bientôt.

Bon LÉCHELLE.

Souvenir d'un Musicien de Garde nationale

HISTOIRE LOCALE

> Agiter l'esprit gaulois sur l'érection des conseils
> municipaux et sur la liberté de l'instruction
> obligatoire.
>
> (PRESSE).

C'était en 1830, quinze ans au plus je comptais...
malgré mon jeune âge, je ne fus point indifférent au règne
qui représentait... l'ordre public... La Liberté rouvrait
ses bras... nous nous y précipitâmes sur l'air de : « où
peut-on être mieux !... »

Il me souvient que quelque temps après, on distribua
les couleurs sur lesquelles était exprimé en belles lettres
d'or : *Ordre public et Liberté...* Cette fête ne disparaîtra
jamais de ma mémoire.

Le bataillon était réuni sur la place d'Armes ; le sous-
préfet produisit un discours écrit, pas trop mal débité...
le maire en fit un autre, pas trop mal improvisé... On
procéda, séance tenante, à la nomination d'un porte-

drapeau !... On le choisit parmi les hommes les mieux plantés.... Le maire, alors, fit venir le nouvel élu, et lui tint ce langage :

« Grenadier, vous ne paraissez pas trop affligé que vos
« camarades vous aient désigné à l'honneur de porter
« l'Étendard de la Patrie... Je vous le confie, étant convic-
« tionné moi-même que le bras qui le soutiendra est et
« sera le bras du brave !!!... »

Les applaudissements furent couverts par les tambours, qui battirent aux champs... Nous jouâmes à l'étendart...

Après un roulement soutenu... le commandant accentua : En avant... Marche... la colonne s'écroula et partit.

Inutile de vous dire que notre chef de musique, M. Rivetti, avait composé pour cette solennité, un pas redoublé cueilli sur les motifs de : *Il pleut Bergère*... *[sic]*. Le jeune coq gaulois, sur son trône perché, était glorieux et fier d'abriter sous ses ailes les élus de la Nation !!!... Le long de notre trajet, nous fûmes l'objet d'ovations dont la démonstration nous fit verser des larmes !!! Les croisées étaient parées des couleurs nationales.... des applaudisse- ments frénétiques couvraient le son des clarinettes... Les dames nous octroyaient des couronnes que les gardes nationaux de canton recueillaient sur des fourches... Après avoir fait le tour de ville, toujours avec le même pas redoublé, nous ramenâmes le bataillon sur la place de la commune... Là, on fit rompre les rangs... des groupes se formèrent;.. puis se divisèrent pour aller fraternellement dîner en famille...

En ce temps là, on articulait de vraies poignées de main, on se regardait en face... on ne louchait pas... Aujourd'hui, vous détériorez les lignes de votre *facies*... vous riez mal... vous riez faux!!!

Le soir, un punch prodigieux, dont les flammes montaient au Royaume des Cieux, fut complétement absorbé; de sympathiques applaudissements accueillirent les toasts portés à la longévité du nouveau règne et à la prospérité de la France!... Hélas!!!... les vents et les flots sont changeants!... Louis-Philippe n'est plus!!!... Le coq gaulois l'a suivi dans sa chute... mais... l'esprit gaulois... que voudriez-vous donc en faire?... des savonnettes à barbe... ou... des pilules camphrées?... Allons donc?... Entrons dans l'ère de 1848.

LA RÉPUBLIQUE

À cette époque, la vieille gaieté gauloise étalait ses plus beaux sourires!... J'avais... vingt-sept printemps!...

On enleva notre pauvre coq, et on mit à sa place une équerre, semblable à celle qui est placée au dos du costume

officiel de notre suisse… puis… un niveau… un compas…
un marteau… Avec ces ustensiles de travail, nous fîmes
des merveilles !… J'étais sous-chef, alors ; notre musique
portait un uniforme des plus brillants.

> Souvent gentilles demoiselles
> Faisaient manœuvrer leurs prunelles
> Sur le costume si flatteur,
> Qui nous donnait un air casseur !…

Nous fîmes des conquêtes !… entr'autres, les campagnes
de Coulac, Rimbert, Notre-Dame-des-Vignes !… Nous
assistâmes, notre commandant en tête, à l'assaut du château
de Ruffec (sic) ; dans ces mémorables campagnes… il n'y
eut de sang de versé que… par le nez de trois gardes
nationaux…

Je n'ai, pour souvenir de ces belles conquêtes… que
mon sabre, il est vrai, encore frais et dispos !!!…

Mais, Napoléon… qui n'aimait pas les jeux innocents,
renversa les objets de travail qui étaient sur notre drapeau…
et y plaça… un aigle à la teinte foncée… à l'œil
perçant… à la griffe acérée… Le pauvre volatile n'avait
pas l'amusement de ses prédécesseurs… pas de sorties…
pas de promenades militaires !… Comme il était relégué
dans la chambre du conseil, il n'avait pour toute distraction
que les délibérations municipales !… Craignant le *spleen*…
il prit son essor et se dirigea dans des contrées qu'il crut

plus riantes… il s'abattit dans un champ, près de l'Alsace-Lorraine, pour y prendre quelque nourriture… Un prussien, berger de son état, lui décocha une flèche… L'oiseau, se sentant mortellement blessé… reprit son vol… Fatigué, épuisé… il se dirigea sur Sedan, et put enfin rendre le dernier soupir aux pieds de son illustre maître !!! Napoléon reconnut son aigle favori… Pauvre ami !… lui dit-il, tu viens expirer là, où je devais mourir !!!… Adieu ! compagnon de mes infortunes !… je ne te survivrai pas !!! Joignant le geste à la parole… il sortit son épée et……… la remit à Guillaume, présent et acceptant !…

Ainsi finit le règne de Napoléon III.

Aujourd'hui, un nouveau drapeau flotte sur l'hôtel-de-ville, dans les plis duquel, dit-on, est écrit : *Uniones…*
ferare… forcentur : L'union fait la force !…

C'est aussi mon avis…

Bⁿ LÉCHELLE.

Souvenir de Jeunesse !...

C'était aux environs de 1834 ; Ruffec possédait un commissaire n° 1, qui s'appelait, je crois, Millet, lequel remplissait sa mission avec un dévouement et une ardeur remarquables. Les trois sous par lieues, qui passaient fréquemment ici, étaient conduits par lui jusqu'au sortir de la ville !...

Les mendiants n'avaient point accès dans nos rues, tout était dans un état parfait de propreté ; quoique très sévère, il avait l'estime publique... Le traitement de 800 francs lui suffisait il est vrai que les œufs de cette époque ne se vendaient que cinq sous la douzaine.

La tenue de M. Millet était des plus modestes, il ne portait point de képi et se contentait tout simplement d'une casquette de loutre, qui frappait de stupeur tous les contrevenants !!!... Il faut convenir néanmoins, que les fonctionnaires de cette époque n'étaient pas aussi lettrés que le sont aujourd'hui de simples agents qui, s'adressant aux bonnes, s'expriment ainsi :

« Vous sarez quo ne doit pas secouder les tapissures « par les fenêtres. » (Textuel).

Les commissaires actuels sont des magistrats sérieux, qui se renferment dans leur dignité et aussi dans leurs appartements... où ils travaillent avec ardeur les questions inextricables du *lapsus linguæ !!!*... Il faudrait pourtant bien aussi ne pas oublier de seconder le maire dans ses projets hygiéniques, et arriver à faire respecter ses arrêtés !...

M. le maire, plein de sollicitude pour ses administrés, recevait fort souvent des plaintes sur l'insanité d'une rue de la ville (on croyait, en ce moment, à une invasion cholérique) ; ce magistrat voulut s'assurer par lui-même de la réalité des faits en visitant les lieux !... Il se rendit, à onze heures du soir, dans la rue dénoncée ; il ne fut pas plutôt arrivé au tiers, qu'une trombe urinaire éclatait à ses pieds... d'aucuns prétendent même que tous les soirs, à pareille heure, on pourrait être gratifié de ce jet humanitaire !!!... Ce qu'il y a de plus certain, c'est que M. le maire, se croyant à demi-asphyxié, retourna précipitamment sur ses pas ; dans la vélocité de sa marche, il se frappa la tête contre celle d'un cheval, qui, sans conducteur, descendait la rue assez rapidement... le choc violent de ce quadrupède fit voir plusieurs chandelles à notre maire, ce qui l'éclaira parfaitement sur la situation !!!

... Par le sang... Dieu !... mes maîtres... fit ce maire irrité !!... Je m'en vais de ce pas !... vous faire un arrêté !!!!!....

Après s'être fait une lotion hydrothérapique, il se mit immédiatement à dresser ses articles, avec lesquels j'ai bien l'honneur de vous saluer.

Bon LÉCURELLE.

Mon cher Gabriel,

Je m'aperçois, en mettant ma lettre dans le trou postal, que sa suscription a une faute très grave, à savoir : g-o-d-i-n (din) Godin, au lieu de g-a-u-d-i-n (din) Gaudin ; je ne l'ai point fait avec intention, seulement ces deux premières syllabes ont fait travailler mon vieil ami, pharmacien, qui écrit son nom absolument comme le vôtre, et de qui plus est, qui l'a établi en belles lettres sur son enseigne ; je lui ai fait comprendre qu'il ne devait pas, comme bachelier ès-lettres et ès-sciences, souffrir plus longtemps qu'on estropiât son nom, et, à mon instigation, il a formulé un entrefilet sur le journal l'*Observateur de Ruffec*, ainsi conçu :

« On est prié de ne point confondre Godin avec Gaudin,
» que son véritable nom est écrit g-a-u-d-i-n (din) Gaudin,
» au lieu de g-o-d-i-n (din) Godin ; que dans le cas où il y
» aurait persistance de la part du public, à confondre ces
» deux premières syllabes, il se verrait forcé de s'appuyer
» sur l'article 414 du code pénal ; que de plus il s'opposerait
» formellement à donner des médicaments à tous ceux qui
» ne se corrigeraient pas du *lapsus linguæ* précité. »

La gendarmerie, dont il est le pharmacien, a seule, jusqu'à présent, tenu compte de son entrefilet. Malgré cela, quelques mauvaises têtes continuent à l'appeler g-o-d-i-n (din) Godin, au lieu de g-a-u-d-i-n (din) Gaudin.

Il m'a affirmé que l'article du journal l'*Observateur* serait en permanence pendant une année, que par suite, il espérait obtenir un résultat satisfaisant; il m'a également affirmé que toutes les lettres qui auraient pour suscription (et cela n'a jamais eu lieu) g-o-d-i-n (din) Godin, au lieu de g-a-u-d-i-n (din) Gaudin, seraient rigoureusement refusées.

Là dessus, mon vieil ami, je vous serre la main, ainsi qu'à ma bonne cousine, femme Peneau, née demoiselle Gaudin, au lieu de Godin.

N'oubliez pas Camille et notre futur Paganini.

Je suis excusable en ce moment, ma tête est farcie de gots, — attendu qu'à mon instigation, le pharmacien Gaudin s'est résigné.

ÉLECTION DE 1878

In veritas tua?

LA VÉRITÉ TUE.

Mes chers Concitoyens,

Je suis venu ici, la veille de l'élection, à cette fin de remplir mon devoir de citoyen.

J'ai été ébouriffé de l'homogénéité du scrutin… Parfait… mais il eût été plus parfait, si vous eussiez laissé une petite place à ceux qui, aujourd'hui, vous seraient de la plus grande utilité…

Comme vous le savez, je suis républicain, mais républicain à l'eau de rose, dont le parfum s'exale, mais ne se volatilise pas ; c'est en vertu de ce principe, que j'eusse désiré que mon parti ne tombât pas dans le ridicule… car… enfin… je ne vois pas dans le conseil la moindre tribu de bachelier !… Comment allez-vous vous y prendre, s'il se présente des notabilités, pour prononcer un discours, à moins qu'il ne soit écrit ?… (ce qui n'est pas chic) … Je sais bien que vous dites : lorsque nous serons embarrassés, nous irons trouver Boiron… d'accord… mes lumières vous seront toujours acquises !… mais… mes chers enfants, je m'absente souvent… et puis… je deviens de plus en plus paresseux !…

Ah! ça, voyons... avez-vous cru être agréable aux conseillers déshérités!... Pas du tout... j'en connais qui sont meurtris dans leur amour-propre, d'autant plus qu'ils briguaient cet honneur, uniquement pour être utiles à leur pays... espèce très-rare.

Je suis convaincu que tous avez l'intention de bien faire, mais ceci ne suffit pas toujours... Vous allez me répondre : nous prendrons pour guide les vieux roublards qui ont blanchi sous le harnais municipal!... Possible... mais à ceux-là même, ne direz-vous pas un jour qu'ils sont des vieux de la vieille... L'ingratitude n'est-elle pas de nos mœurs!... A ceci, il est vrai, vous arguez que vous n'êtes point ingrats, puisque ceux qui ont voté pour le délégué sénatorial sont parmi vous!... Malgré tout, pensez-vous que les plus malins du conseil remplaceront facilement l'ancien maire, surtout pour la question financière!... J'ai peur!... que le successeur auquel on inoculera l'écharpe, ne dure pas autant qu'elle!... parce que, sachez-le bien, il n'y a rien qui use comme les honneurs civiques!...

Mais!... mais!... encore une fois, allez-vous me dire, pourquoi vous a-t-on forcés à être conseillers politiques!... Nous sommes conséquents!!!... Par ces motifs, je termine en vous répondant : parfait, parfait, plus que parfait!!!... Quoi qu'il en soit, de près ou de loin... j'aurais l'œil tendu sur vous, si vous n'administrez pas bien :

> « Je quitte les lieux qui m'ont vu naître,
> » Pour habiter un rivage lointain!!!... »

Élection du 24 janvier 1878

Le dépouillement du scrutin nous a enrichi d'un Conseil... que c'est un vrai bouquet de fleurs!... Il est néanmoins regrettable que malgré la variété de fleurs qui le composent, on ne puisse y aspirer... l'odeur de violette... quoi qu'il en soit... je m'incline... *Vox populi, vox Dei !...*

A propos de parfums, parlons un peu des truffes :

Je vois avec plaisir pénétrer dans le sanctuaire des délibérations futures, notre aimable facteur de pâtés; vous lui deviez cette preuve sympathique, attendu que ce crâne industriel a trouvé le moyen, tout en soignant ses intérêts, de donner à notre cité une réputation complètement européenne... A côté de cette effusion gratulatale, qu'il me soit permis de vous adresser un reproche... mais un reproche amer... Pourquoi avoir fait dégringoler du fauteuil communal l'un des directeurs de notre brasserie!!! Est-ce ainsi que vous vous y prenez pour faire mousser notre bière!... Serait-ce parce que celle-ci produit à elle seule le tiers du revenu octroyal?... ou encore parce qu'elle occupe une partie de l'année, les ouvriers de la localité?...

Si nos pâtés aux foies gras ont une renommée presque universelle, notre bière n'en a pas moins une étendue fort respectable !... Mais... dites-vous... vous le savez, nul n'est prophète dans son pays !!!... — Possible... sous l'ancien régime... mais... sous celui où les mots : *Egalité, Fraternité*, sillonnent les frontons publics... je répondrai que votre allégation fantaisiste n'est qu'une désire déplorable !!!

Croyez-moi, mes frères, soyez plus charitables à l'avenir ; pour ce faire, méditez avec recueillement les paroles exprimées par celui qui fut le premier républicain terrestre !... Ces paroles, je vous les rappelle :

Aidons-nous les uns les autres !!!... Ainsi soit-il...

Souvenir. — Élection de 1879

Depuis la mort des généraux Laroche et Pinoteau,
aucunes sommités n'étaient apparues sur notre territoire...
si ce n'est cependant que quelques avocats venus par ci...
par là... Cette lacune de cinquante années... vient d'être
comblée par l'année... 1879... Si notre sol a été ingrat à
l'endroit des raisins et châtaignes, il a été fécond en
haricots et orateurs !!!...

Vive Dieu !... pourquoi c'est-il que notre Conseil, qui a
peu de fonds vu qu'il en a dépensé pas mal, n'ait pas
songé à utiliser la venue de ces lustres !!! la combinaison
émise éviterait de grands frais à la localité !...

Par la barbe du Christ, Messieurs les conseillers !...
le cerveau serait-il de même que les poches ???... Il
s'agirait tout simplement que les sommités de 1879
passassent à leur tour quelques heures sur le sommet de
l'hôtel-de-ville... Cet appareil mobile effacerait assurément

l'éclairage électrique de l'Opéra, et frapperait, en même temps, le *facies* rougineux de notre séduisant entrepreneur, ce qui l'amènerait indubitablement à renvoyer un second panier de champagne, et l'obligerait sans doute à se relâcher sur ses prétentions gazeuses.

Un groupe d'hommes compétents va se réunir, parmi lesquels on comptera les élus de septembre, aussi modestes qu'instruits... Ils contrôleront vos actes... Il y aura, il est vrai, des discussions!... Tant mieux, puisque c'est de là que nous vient la lumière!

A Monsieur le directeur de l'Observateur de Ruffec.

Ruffec, 6 novembre 1879.

Permettez-moi, Monsieur le directeur, de vous adresser un de mes souvenirs du temps de l'Empire :

C'était en 1860. En ce temps-là, nous avions pour maire un ancien avoué qui se rendait tous les matins chez son boulanger afin d'y étudier la panification. Après un stage de quelques mois, il se renferma dans son cabinet, se recueillit, puis fit venir son commissaire, auquel il tint le langage suivant :

« Monsieur le commissaire, il s'agit de procéder à des » investigations officieuses au vis-à-vis de MM. les boulan- » gers, et ce aux fins que de raison et qu'ils n'en prétendent » cause d'ignorance, « signifier à iceux » que, dans le cas » où ils ne se renfermeraient pas dans l'esprit de la loi, » concernant le poids et la cuisson du pain, je me verrais » forcé, bien qu'à regret, de sévir rigoureusement... »

Cette démarche toute paternelle porta ses fruits !...

A Dieu ne plaise que je veuille ici poétiser le règne de ce magistrat; il avait ses défauts!... Qui n'en a pas?... Il était exigeant et très-soupçonneux, aussi admettait-il difficilement que sa mercuriale portât une cote plus élevée que celles des communes voisines.

Ce qui fait le plus grand honneur aux boulangers d'aujourd'hui, c'est qu'ils ne sont sujets à aucune visite, bien cependant que quelques-unes, par ci, par là... ne sauraient nuire dans le tableau!

Maintenant, Monsieur le directeur, que j'ai fait mon petit Laroche-Joubert, puisque j'ai traité des questions qui intéressent le plus grand nombre.

J'ai bien l'honneur de vous saluer.

B⁰⁰ LÉCHELLE.

Les Boues de la ville de Ruffec

Les maris, d'ordinaire toute galanterie dehors, etc.
[illegible]

Un essaim de jeunes dames est parvenu hier au soir à
envahir mon salon, me suppliant d'user de mon influence
près de l'administration, afin de faire disparaître les boues
qui encombrent notre ville.

Ces dames prétendent qu'elles ne peuvent revenir, soit
de la messe, soit des vêpres, sans essuyer de la part de
leurs maris, des reproches qui blessent profondément leur
modestie.

Voici, mon cher, les pointes acérées que ces messieurs
dirigent sur leur moitié :

« Si encore, tu ne faisais voir que tes mollets!... »

Un second :

« Si tu avais la jambe de M⁰ᵉ une telle, tu ne te relèverais
« certainement pas jusqu'au genou ?... »

Un troisième :

« Je tiens à ce que tes pantalons prennent naissance à la
« cheville !... »

Le quatrième :

« Si tu relèves à ce point de faire voir ta jarretière, ce
» n'est que par pure coquetterie!... »

Et celui-ci :

« Si j'étais de toi, je prendrais un costume de... danseuse
» pour faire mon tour de ville!... »

Et celui-là :

« Dorénavant, Madame, je ne paye plus les mémoires de
votre liseuse de jupons!... »

Et dire, ajouta une jolie brune à l'œil étincelant, qu'un
simple *ra* et *fla*... ordonné par M. le maire et exécuté par
notre jeune tambour, suffirait pour faire évacuer ces trombes
conjugales!!!...

Je répondis alors : « Mesdames, bien que vos récrimi-
» nations ne tendent point à prouver que vos maris soient
» des maris traitables, je vais de ce pas adresser une prière
» à l'*Observateur,* qui s'empressera, je l'espère, d'ouvrir ses
» colonnes aux plaintes justement formulées, émanant surtout
» d'un sexe que nous devons tous protéger.

Bon LÉCHELLE.

Et cette scène *extrà-muros* :

« Il paraît que toi aussi, Arsène, tu fais voir tes mollets ?
» Que ça ne t'arrive plus!... Sans ça... tu sais?...

« Ne te plains pas, Alcindor!... De les faire voir, j'ai
» pas tort!... »

1er janvier 1880.

Élection de Ruffec du 15 Janvier 1881

Incération du jeune Poste (pâtes aux truffes) dans le sanctuaire
du Conseil municipal.

⟶ ✦ ⟵

À Monsieur le directeur de l'OBSERVATOIRE DE RUFFEC.

Monsieur le directeur,

Permettez-moi de vous exprimer le plaisir que me fait
éprouver le résultat de nos élections...

Vive Dieu!... Quel succès!... Mais aussi quel Conseil!...
Que l'on dirait que c'est un vrai bouquet de fleurs!!!

Je déplore amèrement, il est vrai, que le bouquet de
violettes soit complètement effacé par le parfum des truffes...
Heureux mortels, que ces conseillers qui vont, dans les
prochaines soirées municipales, humer l'odeur qu'exhale ce
tubercule si ardemment recherché!... Fasse le Ciel que les
princes de la science s'y rendent avec leur veste de travail!
Quel festin aspiratoire... ô mon Dieu!!!...

Cependant ne soyons point ingrats, sachons gré aux nouveaux élus du sacrifice qu'ils font en acceptant une succession dont le chemin, dit-on... est semé de chardons... bien plus qu'il n'est de roses!

Agréez mes salutations respectueuses.

Bᵒⁿ LÉLIELLE.

17 juillet 1881.

Mon cher directeur,

...En ce temps-là (il est vrai qu'on était sous l'Empire!) l'unique promenade du Champ-de-Mars était dans toute sa splendeur!... Tous les ans, à pareille époque, on lui faisait sa toilette... on lui taillait ses haies, on la recouvrait d'un sable fin et mouvant...

Aujourd'hui, la pauvre est complétement délaissée!... Aussi les vaches de l'hôpital, tout en s'y promenant, ne manquent jamais de lui percer les flancs, soit par derrière, soit par devant... Que fait donc Bey-l'Humeur, berger de ce troupeau?... Il dort très-gentiment, couvert de son chapeau!...

Ah! ça, voyons... Est-ce que la ville de Ruffec serait plus pauvre sous la République, qu'elle était sous les Monarchies ???...

Qu'en pensez-vous ?...

Bon LÉGUELLE.

____

22 juillet 188..,

Mon cher directeur,

Je suis Républicain et je m'en flatte, bien cependant que
je ne sois pas tout-à-fait de la couleur de ceux qui refusent
un local nécessaire à l'érection d'une fête de charité.

Si j'eusse été Monsieur le Maire, au lieu d'un refus
catégorique exprimé dans une lettre, pas mal touchée du
reste, j'aurais dit : « Comment, Messieurs, je vous expédie
» par une chaleur tropicale l'excellente musique de notre
» ville, et au lieu de lui offrir des rafraîchissements, vous
» lui refusez des chaises !!!

> » Par le sang Dieu, mes maîtres,
> » Il faut être crétins
> » Pour accueillir ainsi
> » De gentils musiciens !...

» Effectivement, cette manière peu potable d'opérer est
» tout au moins inconvenante ; d'aucuns prétendent même
» que c'est tout bonnement une mystification adressée à
» l'autorité.

« En raison de ces griefs et du manque total de politesse
» au vis-à-vis, surtout, de notre corps musical.

« Arrêtons :

« Article unique. — La requête adressée à notre hôtel-
» de-ville par la Société de Saint-Vincent-de-Paul est
» considérée comme non avenue...

« Attendu, cependant, que cette même Société a un but
» suffisamment philanthropique, accédons à sa demande, en
» nous réservant toutefois de conserver le souvenir de la fête
» de juillet... »

> Voilà, Monsieur le directeur,
> La nuance de ma couleur,
> Avec laquelle j'ai bien l'honneur
> D'être votre humble serviteur.

Bon Léchelle.

À Monsieur le directeur de l'OBSERVATEUR DE RUFFEC.

Monsieur le directeur,

Plusieurs de vos clients m'ont attaqué, en me reprochant de ne plus vouloir les agrémenter de mes petits articles !... J'ai répondu avec vérité que votre journal devait ouvrir ses colonnes préférablement aux sciences et aux articles médicaux !... On me *riposta* : Chaque chose a son temps !... Toujours du bouilli !... Allons donc !!!...

Vous n'êtes pas sans avoir remarqué l'époque où la taxe et la déclaration des chiens sont exigées. Je crus devoir m'adresser, pour faire cette déclaration, à un connaisseur *ès-mérite*, qui m'affirma que ma chienne devait être classée parmi les boules. Exemple : sa gueule !...

Quelque temps après, on me fit une quittance de 6 fr. (1re catégorie). Je réclamai à M. le receveur, qui me répondit qu'il était malade, que par conséquent il n'avait point assisté aux réunions ; qu'il savait qu'il y avait des mécontents. Si, comme on le dit, vous avez l'intention de faire une pétition, je m'en chargerai...

Je donnai mes 6 fr., qu'il fallait verser en pétitionnant?...
Zéro au quotient... (Balançoire nouvelle !...)

L'autorité décida qu'on nommerait une commission,
laquelle aurait pour but de rechercher dans la race canine
les espèces et les catégories, afin de faire une taxe incor-
ruptible.

Cette commission fut composée d'individus capables (peu
de bacheliers dans le nombre), tous pleins d'ardeur. Ces
délégués tenaient à prouver qu'ils rempliraient la tâche qui
leur était confiée, en recherchant surtout les races inédites...

RÉSULTAT DES TRAVAUX

A tour de rôle, chacun s'empressa de prouver, dans cette
dernière séance, que ses études scientifiques sur la race
canine avaient été laborieusement acquises...

Un premier déclara que le chien carlin avait pris sa
naissance chez Pépin-le-Bref...

Un deuxième que le petit griffon, fin et malin, venait des
chenils de M. Thiers.

Le troisième : La levrette paresseuse s'est élevée dans
le boudoir de Jeanne d'Albret...

Quatrième : Le gros griffon sort du palais papal d'Avi-
gnon, sous Grégoire III.

Cinquième : Les danois à la robe tachetée et brillante,
peu intelligents, ont été produits par le beau Dunois...

Sixième : Les chiens courants ont été en grand nombre élevés dans les appartements du roi Dagobert, qui, à cause de leurs voix, leur accordait ce privilège.

Septième : Le chien mouton, intelligence supérieure, né à Rome ; ce chien avait captivé la cruauté de Néron!!!

Boule-dogue, sérieux, peu gracieux, mais excellent comme gardien des postes aux lettres!...

Huitième : Loulou, insignifiant, sale, criard... Importé en France par les carmes déchaussés...

Neuvième : Les braques viennent tous ou en partie de la maison de Jean de Nivelle.

Dixième : Les braques de la petite espèce ont été adoptés chez les sénateurs et aussi à la Chambre des députés...

Onzième : Race couchante... admirable de dévouement, caressante, fidèle, soumise, reconnaissante, intelligente.

Les qualités reconnues de ces animaux n'auraient-elles pas puissamment contribué à faire naître ces immortelles paroles :

Ce qu'il y a de meilleur dans l'homme, c'est le chien!!!

Après la première partie de la séance, la commission se réunit pour faire une répartition sortable... pas moyen de s'entendre ; de gros mots s'échangèrent... bref... un choc terrible menaçait la salle!!! Il y avait à côté de nous un vétérinaire, assez âgé, pas imberbe du tout, mais paraissant

passablement bilieux... Cette manière d'opérer, en société,
lui déplut... sans doute !... car il s'écria... Messieurs...
comme républicain, je ne puis continuer de faire partie d'un
groupe dont l'équité ne serait pas le drapeau !!!...

Cette petite sortie ferma la séance.

SUITE DE LA TAXE DES CHIENS

Voyez et vérifiez.

Dépêche télégraphique, dernière heure !...

« On affirme qu'un de nos riches négociants avait un
» chien, que ce chien, petit, sans cachet et sans race, avait
» été présenté et accepté par la commission, qui l'avait
» préposé à la garde des enclumes, essieux et autres
» combustibles de ce genre... »

Dépêche de nuit : ministère de l'intérieur.

« A l'avenir, Messieurs les préfets veilleront à ce que les
» chiens d'agrément passent dans la garde !... Total à payer
» pour ce chien : 1 fr. 50 c. par an, au lieu de 6 fr. »

Pour copie conforme :

Bon LÉCHELLE.

A Monsieur le directeur de l'OBSERVATEUR DE RUFFEC.

Ruffec, 28 octobre 1879.

Monsieur le directeur,

Je lis dans plusieurs journaux charentais que le maire
de Sarlat, et autres du même département, justement émus
de la cherté exagérée de la viande, en raison surtout du
prix du bétail, viennent de prendre un arrêté catégorique.
Cette décision a été acclamée par la population.

On m'objecte qu'en République, le commerce doit être
libre... certainement... néanmoins ne faudrait-il pas d'passer
certaines limites!... Exemple :

Mgr Freppel vient d'être frappé par le Conseil d'État...
comme d'abus... Est-ce que nos bouchers ne pourraient pas
être frappés de la même manière, par le Conseil
municipal ?...

Croyez, Monsieur le directeur, que je suis, en cela,
l'interprète d'une foultitude de *murmureurs*, qui, la plupart,
n'osent ouvrir la bouche... Pourquoi ?... seraient-ce des

aspirants à la candidature municipale ?... Qu'en pensez-vous ?... Quant à moi, je n'en crois rien !... il est bien vrai cependant que la boucherie ne possède pas mal de voix !...

Mais espérons que notre administration, qui est pleine de sollicitude pour nous, prendra en considération ces récriminations, basées du reste sur l'équité, et qu'elle avisera dans l'intérêt général.

Recevez, Monsieur le directeur, etc.

D^{se} Lechelle

FANTAISIE POÉTIQUE

L' bon Dieu dit à ses apôtres :
    Allez, vous autres,
La bas, dedans tieu jardin ;
Vous y trouverez nu' table
    Qui s'ra mise,
Et puis du pain et du vin.

Les apôtr's il repondirent :
    J'allons fair' frire
Quié cinq ou six p'tits poissons,
Et je mangerons ensemble
    La probande,
Jus'qu'à notre refection.

O s'trouvit à quielle table
    Un misérable
J'cré ben que l's'app'lait Judas ;
L'trahissit le fils de l'homme,
    Pour des pommes
Que l'mangit à son repas.

Le r'pas n'était pas fini,
          Qu'o venit
Un grand gars qui leur disit :
Y-a t'il dans la société
          L'particulier
Qui s'dit Jésus d'Nazareth ?

O venit de la quenaille,
          D'la goraille,
Qui d'abord l'attachiont
Et l'traîniont à co d'bâtons
          Dans un' prison
Qu'était très fort noir' au fond.

Le lendemain not' Seigneur,
          Tout en pleurs,
Priant pour tous les pécheurs,
Dit à Pierr' : fais ta prière
          Et viens m'aider
A monter sur le calvair'.

Maintenant, tout le monde sait
          Ce qui s'est passé,
Puisqu'on l'a crucifixié ;
Mais le tour qu'il leur-z-a joué
          Est ben trouvé,
Puisqu'il s'est ressuscité.